SALVANDY

PARIS. — Typ. LACOUR, rue Soufflot, 18.

LES CONTEMPORAINS

SALVANDY

PAR

EUGÈNE DE MIRECOURT

PARIS

GUSTAVE HAVARD, ÉDITEUR

15, RUE GUÉNÉGAUD, 15

1856

L'Auteur et l'Éditeur se réservent le droit de traduction
et de reproduction à l'étranger.

AVIS

C'est à tort que, dans la notice consacrée à Léon Gozlan (page 38), nous avons dit que M. Durand Saint-Amand, aujourd'hui préfet de Vaucluse, avait été gouverneur des Tuileries en 1848. Une ressemblance de noms a causé l'erreur. Cette dignité fut remplie par le citoyen Fournier Saint-Amant, auquel revient de droit l'anecdote des truffes.

SALVANDY

Le 25 février 1848, nous allions au hasard, le long des rues dépavées par l'émeute, et nous songions à la vanité des pouvoirs de ce monde.

Comme nos yeux se portaient sur les barricades énormes, dont quelques-unes atteignaient le troisième étage des maisons, et que cet illustre maréchal Bugeaud prétendait renverser d'un souffle, nous nous sentîmes frapper sur l'épaule.

— Citoyen, nous dit un jeune homme armé d'un élégant fusil de chasse, êtes-vous curieux de voir un ministre de Louis-Philippe? L'espèce en est rare depuis deux jours.

En même temps il nous désignait un personnage de haute stature, qui coudoyait la foule sans gêne, posait un pied ferme sur le sol tourmenté, franchissait comme nous les barricades et regardait en amateur ces pyramides cyclopéennes de l'émeute.

Nous répondîmes au porteur du fusil de chasse :

— Il est probable, monsieur, que vous vous trompez. Tous les ministres sont en fuite. Votre homme, d'ailleurs, n'a pas la mine d'un vaincu. Regardez sa fière prestance! On le prendrait pour un membre du gouvernement provisoire

— Citoyen, reprit notre interlocuteur, je suis sténographe du *National*.

Nous nous inclinâmes profondément à cette révélation.

Il ajouta :

— Trois ou quatre cents fois, j'ai vu celui dont je vous parle; j'ai sténographié ses discours à la Chambre, et je vous affirme que c'est un des ex-ministres.

— En ce cas, ce ne peut être que le comte de Salvandy.

— Vous l'avez nommé, fit le sténographe.... Un gaillard qui a de l'aplomb, n'est-il pas vrai, citoyen ?

— De l'aplomb !... Dites du courage, monsieur !

— Oui, ma foi! je pense comme vous.

Une poignée de main coupa court au dialogue. Le jeune homme prit à gauche, nous prîmes à droite.

Ceci nous est revenu en mémoire, et le trait nous paraît digne de servir en quelque sorte d'épigraphe au volume que nous consacrons à l'ancien ministre.

Narcisse-Achille de Salvandy est né le 11 juin 1795, à Condom [1], patrie du compilateur François Sabbathier, de l'historiographe Dupleix et de l'amiral Blaise de Montluc.

Sa famille, originaire d'Irlande, émigra vers 1689, et suivit les Stuarts sur la terre d'exil.

Dès le début de cette notice, nous avons à combattre une indigne calomnie, propagée par certains biographes démagogues. Ils ont prétendu que M. de Salvandy était fils d'un prêtre et d'une religieuse.

Voici à quoi se réduit l'inceste spirituel charitablement attribué aux parents de notre héros.

[1] Département du Gers.

M. de Salvandy père, destiné comme cadet de famille à l'état ecclésiastique, n'avait pas encore reçu les ordres le jour où les terroristes essayèrent de démolir l'édifice chrétien que dix-huit siècles ont si fortement consolidé sur le sol de la France.

Le jeune séminariste usa de sa liberté reconquise, et ne crut pas devoir rester fidèle à une vocation qui lui était imposée.

Bientôt il épousa une jeune fille noble, destinée comme lui par des convenances de famille à l'état religieux, mais qui achevait à peine son éducation au cloître, et n'avait point encore pris le voile.

Tous deux pouvaient, dans le sens le plus strict des observances chrétiennes, contracter mariage sans remords et sans parjure.

Nos époux n'étaient pas riches.

Tout le patrimoine de leur race venait d'être englouti dans la tourmente. Ils se réfugièrent à Paris, où la gêne se cache beaucoup plus facilement qu'en province, et cherchèrent à suppléer par quelque industrie à leurs insuffisantes ressources.

M. de Salvandy père ne songea même point à demander une place au gouvernement impérial.

Ses affections étaient ailleurs ; il avait le culte des souvenirs.

D'autre part, il ne se sentait entraîné

par aucun élan vers la gloire des armes. Comme tous les esprits indépendants et lettrés, il abominait le commerce, et Thémis avec ses allures chicanières ne lui donnait pas la moindre envie d'aborder le barreau.

Que faire cependant? Il fallait vivre.

Ayant rapporté de sa province un mobilier considérable, seul débris d'une aristocratique opulence, il s'installe dans une maison de la rue Cassette, y garnit quelques appartements, et les donne en location.

Ses hôtes sont de vieux nobles ruinés ou des prêtres échappés à la guillotine.

Se conformant à l'usage des maisons garnies, les jeunes époux admettent à leur table tous les locataires, et l'on écrit sur la porte en lettres saillantes :

PENSION BOURGEOISE. — *Table d'hôte à cinq heures.*

Assurément la position pouvait être plus flatteuse pour l'amour-propre; mais elle ne rabaissait en rien le caractère de l'homme consciencieux qui s'y résignait.

Son fils lui-même, bien que pourvu d'une dose de vanité peu commune, a le bon esprit de ne point rougir de l'histoire de la table d'hôte.

Honorant au contraire le courage de ses parents, il acheta la maison de la rue Cassette. Jamais il n'en est sorti, même pour aller demeurer au ministère de l'instruction publique. A l'heure où nous écrivons, il habite encore l'ancienne demeure paternelle.

Narcisse-Achille de Salvandy nous apprend lui-même comment il fut élevé.

Ses parents l'idolâtraient.

Joyeux, spirituel, espiègle, il ne connut dans son enfance ni les reproches, ni les punitions. Tous ses désirs étaient accomplis, toutes ses paroles avaient force d'oracle.

On le regardait très-sérieusement comme la huitième merveille du monde.

Il reçut de son père les premiers éléments de l'éducation ; mais un excès d'indulgence gâtait tout.

Charmé de la gentillesse de son élève et de sa vivacité de réplique, le professeur lui lâchait la bride et cédait à ses fantaisies les plus bizarres, à ses instincts les plus répréhensibles.

Agé de douze ans à peine, Narcisse-Achille avait déjà lu Voltaire et portait des bottes.

Il courait risque de franchir les limites de l'adolescence, monté sur ce dada présomptueux qui a rendu tant d'autres petits prodiges parfaitement ridicules, et qui les jette dans une infinité de casse-cou lorsqu'ils arrivent à l'âge d'homme.

Le hasard voulut qu'une aventure, aussi mortifiante que salutaire, le ramenât dans la bonne voie.

C'était en 1807, au plus fort des triomphes de l'Empire.

Beaucoup de vieillards polis et lettrés, débris de toutes les opinions et de tous les régimes, hantaient alors le café Procope [1], rue de l'Ancienne-Comédie, et lui conservaient un air dix-huitième siècle, assez curieux sous le règne du sabre.

M. de Salvandy père, habitué de cet établissement, y allait tous les soirs savourer

---

[1] Ce café, le plus ancien de Paris, fut fondé, à la fin du règne de Louis XIV, par un sieur François Procope, dont le fils, Procope-Couteau, se mit à écrire pour le théâtre et amena tous les auteurs de Paris à l'établissement paternel. Voilà pourquoi, cent années durant, le café Procope fut le rendez-vous des gens de lettres. Nous écrivons cette note tout exprès pour la faire lire au *savant* journaliste qui demandait, il y a quinze jours, comment il se faisait que l'historien Procope eût été le parrain d'un limonadier.

sa demi-tasse et faire sa partie de dominos.

— Régulièrement, il amenait son fils avec lui.

Notre petit bonhomme ne manquait jamais de prendre part à la conversation générale, tranchant avec un aplomb superbe toutes les questions les plus sérieuses en politique, en littérature, et même en science militaire.

Il fallait l'entendre discuter les plans de campagne de l'Empereur.

Achille annonçait les marches et les contre-marches ; il prédisait les victoires, et, pour appuyer ses belles argumentations théoriques, on l'entendait citer à tout propos le prince Eugène, Montecuculli, Alexandre, Annibal, et tous les grands capitaines des temps passés et modernes.

Un des vieux habitués du café, las d'entendre ce ramage, quitte sa place un beau soir et vient frapper sur l'épaule du jeune discoureur.

C'était un homme au front sérieux, à la contenance sévère.

Il avait une place de conservateur à la bibliothèque Sainte-Geneviève, et se nommait Faucon.

— Mon petit ami, dit-il à Narcisse-Achille, je vais vous apprendre une chose qui vous étonnera beaucoup,

Ce début singulier causa tout d'abord à M. de Salvandy fils, interrompu dans sa harangue, une partie de la surprise qu'on lui annonçait.

Le vieux bibliothécaire parlait assez haut pour être entendu des quatre coins de la salle.

— Vous avez de l'esprit, mon cher enfant, continua-t-il.

Narcisse ôta son chapeau.

L'éloge lui parut flatteur; mais il attendit la suite; car à cette phrase ne s'attachait pas sans doute encore le sujet d'étonnement prédit par son interlocuteur.

— Eh bien, reprit M. Faucon, si vous

allez du même train jusqu'à votre majorité, je vous annonce que vous serez un jeune homme de la plus complète ignorance.

— Monsieur! cria Narcisse-Achille, dont la face devint pourpre.

— Oui, mon petit ami, vous ne serez absolument bon à rien. Ne vous fâchez pas, je m'explique, reprit paternellement M. Faucon. Vous venez au café Procope, au lieu d'aller au lycée : premier tort ! Mais je vous en reproche un autre plus grave, c'est de parler toujours, c'est de parler quand même. Il ne faut pas, à votre âge, avoir la prétention de se faire écouter par les hommes mûrs. Sachez que vous n'avez rien à leur enseigner, mon ami. En les écoutant, au contraire, vous pouvez retenir tout ce qu'ils savent.

La mercuriale était rude, bien que débitée sur un ton doux et bienveillant.

Narcisse-Achille ne savait plus quelle contenance tenir. Il regardait son père comme pour lui demander appui ; mais ce dernier, frappé de la justesse du raisonnement de M. Faucon, ne songeait en aucune sorte à venger l'orgueil blessé de son fils.

Il pressa la main du bibliothécaire et le remercia de sa franchise.

A partir de ce jour, le petit orateur ne parut plus au café Procope. On se mit en campagne afin de lui obtenir une bourse.

Vingt-deux ans plus tôt, c'est-à-dire en 1785, M. de Salvandy père avait connu très-intimement Cambacérès, alors conseiller à la cour des comptes de Montpellier. Depuis, il ne l'avait point revu au sein des grandeurs.

Il se décida, dans l'intérêt de son fils, à une démarche qu'il n'eût jamais faite pour lui-même.

On n'abordait pas aisément, à cette époque, son altesse sérénissime le prince archi-chancelier de l'Empire. Néanmoins, on savait que tous les jours il paradait une heure ou deux sous les tilleuls du Palais-Royal, flanqué de ses commensaux habituels, le marquis d'Aigrefeuille et le marquis de Villevieille.

Villevieille était sec, long et pâle.

Il ne lui manquait qu'un plat à barbe, une lance et une armure pour ressembler au célèbre héros de la Manche.

D'Aigrefeuille, par contre, avait une face cramoisie, et sa corpulence ronde et courte lui donnait la mine d'un poussah.

Rien n'était bizarre comme cette trinité gastronomique, suivie à distance respectueuse par un cortége de badauds.

M. de Salvandy père prit son courage à deux mains.

Il perça la foule et réussit à aborder le prince dans une de ses promenades au Palais-Royal. Il le trouva paré de tous ses rubans et de tous ses ordres.

Cambacérès reconnut son ancien camarade.

Il lui fit un accueil très-aimable et lui promit une bourse; mais cette promesse ne se réalisa point.

Fatigué d'attendre, le père d'Achille s'adressa directement à M. de Fontanes, grand maître de l'Université. Le proviseur du lycée Napoléon, M. de Wailly, appuya sa requête, et reçut l'ex-orateur du café Procope au nombre de ses élèves, en attendant la réponse du ministre.

Bientôt une lettre de M. de Fontanes sanctionna cette admission provisoire.

A son premier dimanche de sortie, Narcisse-Achille, vêtu de pied en cap de l'uniforme des lycéens d'alors,— habit blanc, garni du col et des revers orange, chapeau à claque, culotte courte et bas bleus,— alla sonner à la porte du bibliothécaire de Sainte-Geneviève, qu'il trouva corrigeant des épreuves grecques.

— Me reconnaissez-vous, monsieur? murmura-t-il d'un air timide.

— Non; qui êtes-vous? demanda le brave homme surpris.

— C'est à moi que vous avez donné, l'hiver dernier, de si bons conseils au café Procope.

— Est-ce possible? s'écria M. Faucon.

Viens-tu me remercier, mon enfant?...
C'est bien! c'est très-bien!... Tu ne m'as
donc pas gardé rancune?

— Oh! non, monsieur; je vous dois une
éternelle reconnaissance.

Le vieux bibliothécaire lui souhaita
beaucoup de succès dans ses classes, l'embrassa, et lui dit en le reconduisant :

— Courage ! tu seras un homme !

Achille de Salvandy resta cinq ans au
lycée, marchant de front avec les meilleurs
élèves, obtenant toujours d'excellentes
places, mais encourant parfois le reproche
d'indiscipline.

Un coup d'audace étrange l'exposa un
jour aux sévérités de la règle.

C'était en 1813.

L'étoile de Napoléon commençait à pâlir. Tous les monarques écrasés par son glaive relevaient la tête et se détachaient l'un après l'autre de son alliance. Quelques mois encore, ses diplomates allaient le trahir, ses maréchaux allaient le vendre.

On doutait de son génie, on n'espérait plus en sa fortune.

Les mères françaises pleuraient leurs fils morts, et, comme Rachel, ne voulaient point être consolées.

Une seule génération restait fidèle au culte qu'on blasphémait déjà, c'était la génération même à laquelle appartenait Achille. Toute cette jeunesse croyait énergiquement à la durée de la gloire, saluait avec enthousiasme le vieux drapeau, niait l'éclipse et repoussait jusqu'au soupçon de la décadence.

Notre lycéen regardait Napoléon comme un dieu.

Pendant son année de seconde, la lecture des bulletins de la grande armée fut sa lecture favorite. Son âme s'enflammait au rayonnement sublime de cette puissante et laconique éloquence, dictée, sur le champ de bataille même, à César par le génie de la guerre.

Un jour donc, à l'heure du dîner, celui des condisciples d'Achille qui était de semaine au pupitre, trouve sous ses yeux, à la place du volume habituel, un bulletin datée d'Allemagne, dont il s'empresse de donner communication à tout le réfectoire.

On y annonce le gain d'une grande bataille livrée par nos troupes sur les rives de l'Oder.

Aussitôt les applaudissements d'éclater avec frénésie. Le proviseur lui-même partage la joie commune, bien que fort intrigué de la manière dont ce bulletin lui arrive.

Il sort, et prend des informations.

Personne dans Paris n'a connaissance de la chose. M. de Wailly regarde le journal officiel, il n'y trouve pas une ligne relative à cette magnifique victoire.

Évidemment une supercherie a été commise.

Le proviseur, rassemblant aussitôt ses élèves, somme le coupable de se déclarer. Narcisse-Achille sort des rangs et dit :

— N'accusez personne, c'est moi !

Fatigué de ne plus voir dans le *Moniteur* ses chers et victorieux comptes rendus, il s'était permis d'imiter l'éloquence impériale et de battre l'armée allemande de sa propre autorité.

On trouva l'audace impardonnable.

M. de Wailly crut un exemple nécessaire. Il condamna le fabricant de bulletins à quinze jours d'arrêts, c'est-à-dire, comme le comprendront ceux qui n'ont pas oublié les rigueurs de la discipline lycéenne, à quinze jours de prison cellulaire et de plombs de Venise.

Achille de Salvandy ne veut pas se soumettre à ce châtiment terrible.

Il profite de la sortie des externes, à la fin d'une classe, réussit à se glisser parmi eux, et s'échappe du collége.

Le voilà libre; mais que fera-t-il de sa liberté?

S'il rentre rue Cassette, on blâmera sa fuite, on lui conseillera de faire acte de soumission. Sa mère versera des larmes, et jamais Achille n'a pu voir pleurer sa mère.

Il reprendra le chemin du collége, il se résignera au cachot.

Pendant deux longues années encore, il gémira sur les bancs universitaires, quand, là-bas, de l'autre côté du Rhin, des jeunes gens de son âge se battent sous l'œil de l'empereur et moissonnent des lauriers.

Narcisse-Achille veut se battre comme eux.

Sa résolution est prise.

Le vainqueur des Gaules a passé le Rubicon; Fernand Cortez a brûlé ses vaisseaux.

En ce moment même, on procédait à la

levée d'une garde d'honneur. Beaucoup de fils de famille se laissaient prendre à ce dernier hameçon que leur tendait la gloire. Espérance d'avancement rapide, riche uniforme, tout était là pour les séduire et les entraîner sur le champ de bataille.

Salvandy fils court à l'Hôtel de Ville et demande à signer un acte d'enrôlement.

Le préfet de la Seine accueille ce chaud volontaire, et, le soir même, Achille se montre, armé de pied en cap, chez ses parents confondus de stupeur.

Bientôt on lui envoie l'ordre de rejoindre.

Il part et assiste aux dernières campagnes d'Allemagne et de France. Notre ex-lycéen fait sa rhétorique à Lutzen et sa philosophie à Champ-Aubert. Blessé trois fois en moins d'une année, il parvient au grade d'adjudant-major, et Napoléon lui-même, dans la cour de Fontainebleau, lui attache la croix d'honneur sur la poitrine.

Achille n'avait pas encore dix-neuf ans.

Très-peu de nos contemporains nous offrent, au début de leur carrière, de semblables détails à fournir.

Dans plusieurs de ses écrits, notamment dans *les Scènes de Bivouac*, M. de Salvandy se plaît à nous raconter quelques épisodes de sa vie de soldat.

« Il me souvient, dit-il, qu'une fois, aux derniers jours de la campagne de 1814, après la rapide marche qui, commencée à Vitry, ne se termina qu'à l'Ile-de-France et à Essonne, nous eûmes la fausse joie d'un séjour en deçà de la jolie et vieille petite ville de Moret.

« Le temps était effroyable; il pleuvait d'une façon horrible.

« Nous fûmes établis le long de la grande route. Je pus m'emparer d'un de ces lits de cailloux qui garnissent le bord de la chaussée. Ce me fut un triomphe. Je jouissais de mon sort : je n'avais de l'eau que d'un côté.

« Des cailloux pour couche au lieu de boue, ce sont là de ces fortunes qu'on ne peut comprendre dans les habitudes uniformes de la cité; dans les camps, il n'en faut pas plus. Il y a un luxe relatif pour toutes les situations de la vie. »

Sa mémoire fidèle nous peint les désolations de cette malheureuse campagne.

Quinze années durant, le saccage et la ruine s'étaient promenés d'un bout de l'Europe à l'autre; maintenant ils envahissaient la France.

« Les meubles du paysan, continue M. de Salvandy, étaient employés, après les barrières de sa cour et les portes de sa chaumière, à entretenir le feu de la cuisine des régiments. C'était pitié d'entendre les vantaux ciselés et luisants de l'armoire séculaire petillant dans l'âtre improvisé; pitié surtout de voir la douleur, d'écouter les cris des habitants dévastés. Les hommes, en général, se laissaient ruiner silencieusement. Mais qui dira les cris des femmes, leurs sanglots, leurs malédictions?

« Comment oublier jamais que, dans les plaines de la Champagne, près de Méry-sur-Seine, nous avions pu, quelques officiers exténués de fatigue et moi, nous jeter sur un lit, dans une vaste ferme, encombrée de soldats. Tout à coup des cris, des flammes, des tourbillons de fumée, nous réveillent en sursaut. C'était la fermière qui, dans l'ivresse de sa douleur et de sa vengeance, avait elle-même mis le feu à son propre toit. Quand on voulait sortir du milieu de l'incendie, on trouvait cette malheureuse, la fourche à la main, essayant de fermer les passages et de rejeter dans les flammes les coupables de ses malheurs.

« Les coupables! Elle se trompait. Il aurait

fallu chercher plus loin. Mais ses coups ne pouvaient porter jusque là. »

Narcisse-Achille, après l'abdication de l'Empereur, se fit inscrire sur les registres de l'École de droit de Paris.

Il comprenait qu'une ère nouvelle allait commencer. Toutefois, en se livrant à ses études de jurisprudence, il entra dans la maison militaire de Louis XVIII, afin de ne point être dépossédé de son grade.

Le 20 mars, il suivit le roi jusqu'à la frontière avec les mousquetaires noirs.

Son enthousiasme pour la légitimité n'alla pas jusqu'à le conduire à Gand. Nous savons de source certaine que M. Guizot lui garda perpétuellement rancune à cet égard.

Nous avons oublié de dire que notre héros, avant les Cent-Jours, s'était fait tout à coup écrivain pour défendre les vieux débris des phalanges impériales, insultés par de lâches pamphlets royalistes[1].

C'était un acte plein de noblesse et de courage.

Mais le jeune homme ne devait point en rester là. Quand les puissances alliées eurent envahi de nouveau le territoire et ramené Louis XVIII en croupe sur un cheval de Cosaque, il fit paraître ce fa-

---

[1] A cette époque, il publia deux brochures remarquables par leur force de logique et leur patriotisme éclairé.

meux écrit, qui a rendu son nom célèbre et qui a pour titre : *La Coalition et la France.*

Jamais plus éclatante manifestation ne se produisit en des jours plus périlleux.

Le pays entier battit des mains à ce cri de colère, poussé par un jeune homme de vingt ans. Toutes les fibres de l'honneur national tressaillirent à sa voix. Chacun répéta ses phrases indignées ; chacun protesta hautement contre la force brutale qui écrasait le sol, contre les baïonnettes étrangères qui éventraient nos gloires.

On saisit l'édition par ordre des rois alliés.

Mais le jeune auteur ne déployait pas

seulement de la bravoure sur le champ de bataille. Il prouva que le courage civique était profondément ancré dans son âme. L'empereur de Russie, le roi de Prusse et tous les monarques de la Sainte-Alliance reçurent une opposition sur timbre, en bonne forme, et dûment signifiée par qui de droit.

Cet acte les sommait de lever la saisie et les assignait devant les tribunaux en cas de refus.

Grande colère.

Les Cosaques fulminent et les Prussiens sont en rage.

Blücher, le farouche Blücher, est d'avis

que l'auteur de la brochure doit être fusillé, par simple mesure préventive.

Narcisse-Achille ne recule pas devant la tempête qu'il soulève.

On lui conseille de se cacher.

— Pour qui me prenez-vous? répond-il fièrement.

Et partout il se montre. On le voit dans les lieux publics, sur les promenades, au spectacle. Des espions sont à ses trousses : qu'importe? il ne donne pas le plus léger signe de crainte ou de faiblesse.

Comme il rentrait, un soir, à son modeste logement d'officier, il trouve un équipage à sa porte.

En même temps il aperçoit son concierge qui adresse des signes à un personnage décoré assis au fond de la voiture.

Ce personnage descend et prend avec vivacité la main du jeune homme.

— Vous êtes M. de Salvandy?

— Oui, monsieur.

— Je viens de la part de Son Altesse Royale, monseigneur le duc d'Orléans. Il connaît tous les dangers qui vous menacent à cause de votre généreuse publication. Voici mille écus, un passe-port et une berline de voyage. Partez au plus vite, et quittez le royaume.

— Ah! monsieur, répond l'intrépide

Achille, jamais les ennemis de la France n'auront la gloire de me faire peur! Remerciez pour moi Son Altesse; mais dites-lui que je resterai.

Et il resta.

Nous tenons ce fait du personnage même qui a rempli la mission du prince.

Heureusement pour le jeune homme, sa brochure était jugée aux Tuileries d'une manière plus favorable qu'au quartier général des troupes coalisées.

Le comte d'Artois, ce cœur si français, quoi qu'on ait pu dire, alla porter lui-même dans le cabinet de Louis XVIII l'œuvre de M. de Salvandy.

— Si vous m'en croyez, mon frère, dit-il, nous lirons ce petit volume ensemble.

— Volontiers, dit le roi.

Pendant la lecture, Louis XVIII ne sourcilla pas. Il ne donnait aucun signe d'approbation ni de désapprobation.

— Vous savez, mon frère, qu'on parle de fusiller ce jeune homme? dit le comte d'Artois, arrivé à la dernière page, et fort inquiet du silence du monarque.

— Ah! fit Louis XVIII. Mais, s'ils le veulent, mon frère, ils le peuvent. Je n'ai qu'une royauté dérisoire. Mon sceptre est un jouet d'enfant.

— Sire, croyez-le bien, plus vous céderez, plus ils auront d'exigences. Refusez d'autoriser les poursuites contre M. de Salvandy, je gage qu'ils n'osent point passer outre.

— Essayons, je le veux bien, dit le roi.

On appela le duc de Richelieu, qui fut chargé de notifier aux princes cosaques, prussiens et autres les intentions de Sa Majesté.

La prophétie du frère du roi se réalisa.

Sous leurs pieds incertains, les alliés tremblaient toujours de voir un gouffre s'ouvrir. Ils connaissaient la haine de la France; ils savaient que la révolte ne demandait qu'un signal pour s'étendre d'un bout à l'autre du territoire et y creuser leur tombe.

On donna l'ordre de ne plus inquiéter M. de Salvandy.

Cet excellent Blücher en fut au désespoir. Le diplôme de docteur en droit, que lui expédia si ingénieusement l'Université d'Oxford, ainsi qu'à Plutoff, hetman des Cosaques, ne fut pour lui qu'une consolation médiocre.

Voulant en finir avec toute cette querelle, le duc de Richelieu fit appeler Narcisse-Achille au ministère, et l'exhorta vivement, au nom des intérêts du pays, à retirer son opposition.

— Nous vous avons soutenu, lui dit-il.

A présent ayez un peu de condescendance. On ne va pas remettre l'Europe à feu et à sang pour une brochure de quatre-vingts pages.

Notre jeune écrivain se rendit à cette raison concluante.

Une fois les étrangers sortis de France, M. de Richelieu le récompensa de son courage et de son sacrifice en le nommant maître des requêtes au conseil d'État.

Mais, huit mois après, Salvandy donna sa démission pour combattre en toute sécurité de conscience un projet de loi porté aux Chambres, et par lequel on espérait modifier le système électoral. Il imprima coup sur coup deux nouveaux écrits, les *Vues politiques,* et un aperçu très-remarquable ayant pour titre : *Sur les dangers de la situation présente.*

On y trouve cette conjecture surprenante, que l'avenir justifia d'une façon si absolue :

« Dans la carrière où la France va être engagée en dépit d'elle, et à un jour donné, le régime des coups d'État sera mis en œuvre de toute nécessité, et la force militaire sera invoquée en vain. »

Certes, il était impossible de prédire la Révolution de juillet en termes plus explicites [1].

---

[1] Notre héros est doué d'une sorte de seconde vue en politique. — Avez-vous lu les *Girondins?* demandait-il à M. Viennet en décembre 1847. — Oui. —

Le ministère Decazes, que Narcisse-Achille soutenait de sa plume contre les attaques passionnées du *Conservateur*, ne put résister aux efforts de ceux qui travaillaient à le détruire, et la contre-révolution prit racine en France, juste à l'heure où la liberté triomphait en Espagne.

M. de Salvandy passa les Pyrénées, afin de voir de plus près le drame qui se jouait dans la Péninsule.

Il revint l'année suivante pour épouser mademoiselle Féray, fille du grand industriel de ce nom, propriétaire des beaux

---

Qu'en pensez-vous ? — Lamartine est un historien fantaisiste, répondit l'ingénieux auteur de l'*Epitre aux Chiffonniers*. — Dites plutôt que c'est un monstre! répliqua le ministre. Avant deux mois, avec de semblables écrits, nous aurons les barricades.

établissements de Chantemerle, près d'Essonne, et petite-fille d'Oberkampf, le vénérable fondateur de la manufacture de Jouy [1].

Le roi voulut signer au contrat.

Madame de Salvandy, nous affirment tous ceux qui ont eu l'honneur de la connaître, était un ange de dévouement et de bonté.

---

[1] Fils d'un teinturier d'Allemagne, Christophe-Philippe Oberkampf s'établit, en 1757, sans autre fortune qu'une centaine d'écus, dans une vallée à deux lieues de Versailles, et y fonda cette immense manufacture de toiles peintes dont la renommée fut européenne. Au début de ses travaux, le courageux artisan se chargea seul du dessin, de la gravure, de l'impression et de la teinture des toiles. Le succès couronna ses efforts, et son industrie devint une source de fortune pour la vallée de Jouy tout entière. Louis XVI lui accorda des lettres de noblesse, et Napoléon le nomma sénateur.

Joignant à ces trésors de l'âme toutes les grâces de son sexe, un caractère délicieux, un esprit supérieur, elle fut pendant vingt ans l'adoration de sa famille et contribua puissamment à maintenir son époux dans les principes les plus fermes de la politique honnête.

A l'époque du choléra de 1832, madame de Salvandy joua le rôle héroïque d'une fille de Vincent de Paul.

Dans ces jours sinistres, elle visita la mansarde des malades nécessiteux, distribuant partout de l'or, des médicaments, du linge et des consolations. Aussi calme, aussi intrépide que les médecins les plus aguerris contre l'aspect de la mort, on était sûr de la rencontrer aux lieux mêmes où le fléau sévissait avec le plus de rigueur.

Cette noble chrétienne mourut en 1845.

Se conformant, après son mariage, aux désirs de sa nouvelle famille, notre héros reprit ses fonctions au conseil d'État.

Mais il fut presque aussitôt destitué par M. de Peyronnet, ministre despote qui voulait ranger tout le monde à ses idées d'absolutisme, et qui ne pardonna point à Narcisse-Achille d'être d'un avis contraire au sien relativement à l'expédition projetée en faveur de Ferdinand VII.

Ayant donné sa démission de capitaine d'état-major pour ne pas aller soutenir en Espagne une cause qu'il jugeait mauvaise,

Salvandy perdit à la fois son grade et sa place de maître des requêtes.

Il se retira chez son beau-père, à Chantemerle, et consacra ses loisirs à fabriquer le roman bizarre qui a pour titre *Don Alonzo*.

Ce fut un grand malheur pour M. de Salvandy d'avoir cédé à cette funeste tentation.

Plus un homme a de mérite chez nous, moins on lui pardonne de s'exposer au ridicule, et véritablement Narcisse-Achille est ridicule sous plusieurs faces.

Ne parlons d'abord que de l'écrivain.

Les circonstances, la passion du moment font le succès d'une brochure politique. Il est permis d'y manquer de style; on n'y cherche ni la correction de la phrase, ni la finesse du goût. Poussez une botte franche à l'ennemi que vous attaquez, tout est dit. Le public bat des mains, votre triomphe est assuré.

Mais, pour cela, n'allez pas croire qu'on vous accorde un brevet littéraire.

Le jour où vous mettez le pied sur le véritable domaine des lettres, et où les prétentions de votre plume deviennent manifestes, vous retombez dans le droit commun de la critique. Si vous êtes médiocre, on vous le dit brutalement en face.

Voilà ce qui advint à Narcisse-Achille.

Don Alonzo est un des livres de ce siècle qui ont le plus excité la malice de la petite presse et sa verve goguenarde. On le place, depuis trente ans, sur la même ligne que les *Fables* et *Épîtres* de ce bon M. Viennet; il jouit de la même renommée bouffonne et désopilante.

M. de Salvandy n'était pas né pour écrire un roman.

Lisez son livre, et vous y trouverez le génie inventif le plus rempli d'incohérence et le plus burlesque qui soit au monde. Son imagination est à la fois pauvre et déréglée. Nulle souplesse dans la forme, nulle variété dans les épisodes, ignorance complète des règles les plus vulgaires. Tous ses héros parlent identiquement le même langage. Que vous soyez à l'Escurial ou dans une posada de l'Estramadure, qu'il s'agisse d'un grand seigneur ou d'un muletier, jamais vous n'entendrez discourir qu'un seul homme; cet homme est M. de Salvandy.

Alphonse Rabbe, jugeant le style d'*Alonzo*, disait :

« C'est l'emphase passée à l'état chronique. »

Le mot est d'une entière justesse. Notre malencontreux romancier le justifie sur toute la ligne par sa phraséologie pompeuse et vide et par ses grands mots sonores visant à l'effet, puis crevant tout aussitôt comme ces bulles de savon qui vous éblouissent un instant par leurs nuances fugitives.

Narcisse-Achille est un d'Arlincourt réussi.

On peut lui appliquer le mot de Boileau sur la Calprenède : « Dans ses ouvrages tout se dit noblement [1]. »

Savez-vous en quels termes ce précieux *Alonzo* parle des punaises biscaïennes, ces mêmes punaises qui ont inspiré à Henri Heine une si plaisante élégie :

[1] Ainsi, par exemple, ayant occasion de parler du costume de Napoléon 1er, M. de Salvandy ne trouve pas le mot *redingote* assez noble et croit devoir employer celui d'*enveloppe*. — Ah çà, demandait un doctrinaire, pourquoi Salvandy appelle-t-il la redingote de l'Empereur une *enveloppe grise?* — Par la même raison, répondit Royer-Collard, que votre portier dit *mon épouse.*

« Je voulus, dit-il, chercher le repos sur le seul de ces lits grossiers qui restât encore; la clarté douteuse d'une lampe de fer suffit pour me montrer *réunis les motifs de plainte les plus graves et aussi les plus communs* dans la Péninsule. »

Cependant, nous devons le dire, çà et là quelques belles pensées étincellent dans ce livre étrange comme de rares et lointains météores.

« A dix-huit ans, dit M. de Salvandy, le sommeil et la veille se ressemblent. On ne fait que changer de rêves. »

Quand l'auteur quitte le roman pour traiter l'histoire et se livrer à des appréciations politiques pures et simples, il nous donne quelques pages remarquables, toutes surprises de succéder au fatras qui précède. En peignant la cour de Ferdinand VII, il ne manque pas d'une certaine vigueur de pinceau. Nous retrouvons plus loin cette même vigueur, lorsqu'il nous montre les cortès réfugiées à Cadix, et votant la constitution sous le canon de l'ennemi.

Trois publications d'un autre genre, le *Ministère et la France*, — l'*Ancien et le nouveau règne*. — et la *Vérité sur les marchés Ouvrard*, écrites dans la manière de ses anciennes brochures, réconcilièrent un instant Narcisse-Achille avec les lecteurs sérieux.

Mais décidément ce diable d'homme était piqué de la tarentule du roman.

Presque aussitôt ne s'avise-t-il pas de

publier une nouvelle gauloise ayant pour titre : *Islaor*, ou *le Barde chrétien ?*

Ce second crime littéraire nous semble impardonnable.

Islaor, comme forme et comme conception, est d'un rococo scandaleux. Le barde gaulois (il faut lire cela pour le croire) attaquait les doctrines absolutistes du ministère. Sa harpe vibrait d'indignation pour flétrir la loi d'amour et condamner le milliard d'indemnité que M. de Villèle se disposait à demander aux Chambres.

Les triomphes de Chateaubriand tournaient la tête à ce malheureux Salvandy.

De longue date il connaissait l'auteur du *Génie du christianisme*. Chateaubriand, du reste, ne tarda pas à lui reprocher ses folles tentatives littéraires.

— Vous êtes né, lui dit-il, pour les luttes de l'opposition, pour les articles crème fouettée du journalisme, ou les pages éphémères de la brochure : n'ambitionnez point d'autres succès de plume.

Narcisse-Achille se le tint pour dit [1].

Lorsque Chateaubriand fut renvoyé du ministère et fit cause commune avec la gauche dynastique, l'auteur d'*Alonzo* le

[1] Un troisième roman, *Nathalie,* lui fut attribué, mais à tort. Il est l'œuvre d'une femme de lettres de sa connaissance intime. Salvandy ne signa que la préface, et ne voulut accepter que le titre d'éditeur. Cette préface de *Nathalie* tout entière est une apologie enthousiaste des *bas-bleus.*

suivit au *Journal des Débats*, et devint son premier aide de camp.

Il écrivit sur les funérailles de Louis XVIII un premier article, que le *Moniteur*, le lendemain, attribua au chantre des *Martyrs*.

Ceci nous rappelle un mot charmant de madame Récamier.

Le vieux Matthieu de Montmorency, gouverneur du duc de Bordeaux, se trouvait un soir au cercle de la spirituelle femme.

On parla de Narcisse-Achille.

Matthieu fit l'éloge du jeune écrivain dans les termes les plus enthousiastes et les plus pompeux. A l'entendre, il égalait presque son illustre patron.

— Je vous assure qu'il est impossible de voir un plus magnifique reflet de Chateaubriand! s'écriait-il.

— Dites plutôt que c'est son ombre au clair de lune, répondit madame Récamier.

La collaboration de Salvandy aux *Débats* eut une durée de quatre ans. Ses articles forment au moins la valeur de huit volumes in-octavo. Si l'on écarte les vices de sa phrase, toujours enflée et creuse, on y trouve un véritable talent de polémiste, une verve soutenue, du trait, de la vigueur, et une certaine puissance ironique dont l'effet dut être parfois très-agaçant pour le pouvoir.

Notre héros a raconté lui-même comment il procédait dans ses travaux de journaliste.

Il fuyait le tumulte de Paris et se retirait à la campagne sous les ombrages d'un grand parc anglais.

Là, tout à son inspiration, sans visites importunes, et dégagé des exigences de la vie mondaine, il écrivait ses articles, appuyé contre le tronc d'un tilleul, ou couché sur les vertes pelouses. Quand sa copie était prête, il l'expédiait au journal par un courrier, qui lui rapportait les épreuves tout humides, au bout de trois heures.

Pour les recevoir, les corriger et les rendre plus vite au messager, Narcisse-

Achille s'installait au bout de l'avenue, dans le pavillon du concierge.

En 1828, la censure rétablie chassa du *Journal des Débats* notre intrépide rédacteur.

Il se remit alors à écrire brochures sur brochures, critiquant le ministère avec tant de véhémence et tant de fougue, que chacun disait :

« — Vraiment Salvandy est à lui seul une presse libre. »

A la même époque, il publia une HISTOIRE DE POLOGNE, *avant et sous le roi Jean Sobieski*. C'est évidemment son œuvre la plus importante et la mieux conçue, n'en déplaise aux aigres critiques de M. Léonard Chodzko [1].

[1] Tout en reconnaissant le mérite réel de cette his-

Sous le ministère Martignac la royauté parut enfin se repentir de ses torts.

Royaliste de cœur, et n'ayant plus aucun motif pour attaquer le pouvoir, Narcisse-Achille consent à rentrer au conseil d'État.

Mais à peine y est-il installé, que la toute-puissante congrégation reprend le dessus.

Voyant Charles X appeler M. de Polignac aux affaires, notre héros, cette fois, se démet volontairement de sa charge pour rentrer dans les rangs de l'opposition dynastique.

toire, il ne faut pas cependant pousser la louange jusqu'à comparer M. de Salvandy à Bossuet, comme a fait autrefois M. Arsène Houssaye dans une biographie du ministre, publiée par *l'Artiste*.

L'ancien comte d'Artois se rappelait la fameuse brochure qui avait failli donner à Blücher une attaque d'apoplexie foudroyante. Il aimait le conseiller démissionnaire, et sa résolution le chagrina.

Salvandy fut mandé au château.

Charles X l'accabla de caresses et voulut le gagner au parti congréganiste; mais Narcisse-Achille n'a jamais su pactiser avec ses convictions. Il résista noblement, et fit appel à toute son éloquence pour dessiller les yeux du roi.

— Prenez garde, sire, lui dit-il, votre politique est dangereuse; elle vous conduit à une révolution certaine.

— Qu'importe? s'écria Charles, on ne

me verra pas reculer d'une semelle.

— Ah ! sire, répliqua Narcisse-Achille, avec une vivacité qui ne sentait guère le courtisan, plaise à Dieu que Votre Majesté ne recule pas d'une frontière !

Le monarque stupéfait regarda l'homme qui osait lui tenir ce hardi langage.

Un instant Salvandy put croire à une explosion du courroux royal ; mais Charles X, qui, dans les yeux de l'ex-conseiller d'État, ne lisait que la sincérité la plus franche et la persuasion la plus entière, finit par lui frapper amicalement sur l'épaule.

— On ne m'avait pas trompé, dit-il; vous n'êtes qu'une mauvaise tête, un Irlandais né en Gascogne. Allez, je ne vous garde pas rancune [1] !

Pendant les dix-huit mois qui suivirent, Narcisse-Achille joua le rôle de cette malheureuse princesse, dont les prophéties, discréditées par un Dieu vengeur, ne réussissaient jamais à convaincre personne.

Il est vrai que beaucoup de traîtres fermaient systématiquement l'oreille.

Ainsi, par exemple, monseigneur le duc d'Orléans devait rire du mot fameux qui a couru l'Europe, et que l'auteur d'*Alonzo* lui-même a rapporté dans le livre des *Cent et Un.*

---

[1] Peu de jours après cet entretien, M. de Salvandy fut nommé chevalier de la Légion d'honneur.

C'était un soir où le Palais-Royal était en liesse, à l'occasion de la visite du roi de Naples.

— Que pensez-vous de ma fête? demanda Son Altesse Royale, en s'approchant de notre héros qui se trouvait au nombre des invités.

— Je pense, monseigneur, que c'est bien une fête napolitaine, répondit Salvandy; nous dansons sur un volcan!

Le prince haussa les épaules.

Ce geste n'était pas honnête, mais il était adroit. Le chef de la branche cadette ne devait-il pas calmer les craintes, empêcher les révélations, et ne point avoir l'air de croire au renversement d'un trône qui serait à coup sûr relevé pour lui?

Bientôt la fusillade de 1830 et le départ de Charles X prouvèrent qu'on avait eu tort de ne point ajouter foi aux prédictions de Salvandy-Cassandre.

Fidèle à ses principes légitimistes, celui-ci resta quelque temps à l'écart du système issu de l'émeute.

Il écrivit alors sa brochure qui a pour titre : *Seize mois, ou la Révolution et les révolutionnaires* [1]. On y trouve un

---

[1] Elle fut imprimée plus tard sous le titre de *Vingt mois*, et fut lue par toute l'Europe. Gœthe témoigna hautement dans plusieurs circonstances son admiration pour M. de Salvandy. Une autre brochure, *Paris, Nantes et la Session*, parut à la fin de 1832.

portrait du général la Fayette pris sur le vif et touché de main de maître. L'homme qui a découvert la *meilleure de toutes les républiques* est parfaitement reconnaissable sous le manteau d'orgueil puéril qui cachait son indécision, sa faiblesse et ses manies.

Que d'hommes d'État se sont perdus, dans ce siècle, par la vanité !

M. de Salvandy doit le savoir mieux que personne, lui qui peint les autres. Comme la Fayette, il n'est coupable ni d'improbité politique, ni de corruption; mais la gloriole, il faut bien en convenir, l'a trop souvent égaré lui-même, et ce méchant petit Thiers a eu raison de dire de lui :

« — C'est un paon plein d'honneur. »

Élu bientôt par le collége électoral de la Flèche, Salvandy débute à la tribune en s'élevant contre les dévastations commises à Saint-Germain-l'Auxerrois. Il flétrit avec l'accent de l'honnête homme et du chrétien les actes sacriléges que la police indifférente a laissé commettre.

Son discours déplaît aux électeurs libéraux et voltairiens.

Ils refusent de lui continuer son mandat; mais le collége d'Évreux le venge presque aussitôt de cette défaite et le renvoie triomphant à la Chambre [1].

[1] Ici se place le fameux rapport sur la loi de disjonction, rédigé par M. de Salvandy, et au sujet duquel un journaliste violent s'écria : « — Vous avez

Un ministère de conciliation et d'amnistie se constituant sous la présidence du comte Molé, notre héros obtient le portefeuille de l'instruction publique.

Mais il ne reste pas assez longtemps ministre pour réaliser les vastes réformes qu'il a conçues.

Toutefois, il publie dès lors une ordon-

démenti tous vos principes, vous avez souffleté votre passé! » Ce journaliste était M. Capo de Feuillide, qui depuis.... Mais tant d'autres imitèrent son exemple! On a eu tort d'accuser le député de contradiction et d'apostasie. En 1832, il n'avait pas voulu distraire les citoyens de leurs juges naturels. Que faisait-il en 1835? Il demandait que les accusés militaires fussent traduits devant leur justice spéciale et les accusés civils devant les tribunaux ordinaires. M. de Salvandy se souvenait d'avoir appartenu à l'armée, et voyait dans la doctrine contraire le renversement de toute discipline. Aujourd'hui le temps est venu de reconnaître qu'il avait raison.

nance pleine de sagesse sur les salles d'asile, organise la caisse d'épargne des instituteurs, et s'applique sérieusement à améliorer le sort des maîtres d'étude, ces tristes parias de l'éducation, cette caste déshéritée entre toutes les autres.

Jaloux de faire revivre les traditions de l'ère impériale, ou plutôt cédant à l'instinct vaniteux qu'il n'a jamais su maîtriser, Narcisse-Achille parut à la distribution des prix du concours général en costume de grand maître de l'Université.

Rien ne pouvait être de plus mauvais goût sous la monarchie des barricades.

La France entière partit d'un immense éclat de rire, et le *Charivari* s'égaya pendant un mois sur cette étrange parade. On oublia tout ce que le ministre avait fait d'utile pour ne plus l'envisager que sous le côté grotesque.

A cet égard le caractère français restera toujours le même.

M. de Salvandy fut nommé vice-président de la Chambre en 1840. L'année suivante, on lui donna l'ambassade de Madrid.

Espartero, l'illustre régent démocrate, ayant prétendu que les lettres de créance devaient lui être remises, et non point à la reine, Salvandy refusa nettement et demanda ses passe-ports.

Isabelle, pour prix de cette fermeté, octroya le titre de comte à Narcisse-Achille.

Celui-ci l'accepta, comme on peut le croire, avec la plus vive reconnaissance, et le *Charivari* puisa dans ce fait un nouveau surcroît de gaieté.

Revenu d'Espagne, M. de Salvandy fut nommé à l'ambassade de Sardaigne.

Onze mois après il donna sa démission, ne voulant point s'associer à la politique ignoble qui flétrissait les légitimistes des deux Chambres au sujet de leur pèlerinage à Belgrave-Square.

— Ah çà, monsieur, lui dit Louis-Philippe en colère, est-ce que vous me préférez le faubourg Saint-Germain?

— Sire, répondit Narcisse-Achille, j'ai consulté mon cœur et ma conscience. Ma conscience m'a dit : Ces hommes sont fidèles; mon cœur m'a dit : Ce prince est en exil.

Le roi-citoyen baissa la tête et ne sut que répondre.

En 1845, on choisit notre héros pour remplacer à l'instruction publique M. Villemain, frappé d'aliénation mentale.

« De toutes les créations de l'Empire, dit M. Arsène Houssaye, dont nous approuvons les éloges quand ils sont justes, celle de l'Université a semblé à M. de Salvandy la mieux appropriée à notre état social. En face de la liberté d'enseignement, l'Université ne lui sembla pouvoir se défendre que par l'unité. Il la fit plus pure et plus religieuse, sans toutefois tomber dans l'absolutisme catholique. Il se montra tout à la fois réformateur et créateur, ébranchant ce grand arbre de la science trop souvent stérile, en même temps qu'il y ramenait la séve. »

M. de Salvandy est le fondateur de l'École d'Athènes, institution destinée à rendre aux lettres et aux beaux-arts les plus grands services, et qui offre déjà des résultats admirables.

Si M. Ernest Beulé a découvert une façade de l'Acropole et le grand escalier des Propylées, l'archéologie se souvient qu'elle en est redevable avant tout au ministre qui fonda l'école.

Narcisse-Achille de Salvandy se montra pour les hommes de lettres d'une bienveillance extrême.

La circonstance était belle pour céder à la gloriole et récompenser un peu la flatterie.

Notre ministre avait demandé son admission dans la Société des gens de lettres[1]. Son roman d'*Alonzo*, sa nouvelle d'*Islaor*

---

[1] Il y arriva plus facilement qu'à l'Académie, et sans employer des moyens aussi extrêmes. Salvandy, candidat de l'Institut, alla rendre visite tour à tour à chacun de ses futurs collègues, et leur adressa le discours suivant, sans aucune variante : « — Votez pour moi, je vous en supplie! Peut-être n'aurai-je que votre suffrage; mais il me suffira. Que m'importe la voix des autres, quand un homme comme vous, monsieur, appuie ma candidature? » (Textuel.) M. de Salvandy fut élu académicien le 21 avril 1836. A la même époque, il fut nommé commandeur de la Légion d'honneur, et reçut plus tard le titre de grand officier et le grand cordon de l'ordre. Personne au monde ne porte les crachats avec une dignité plus amusante que M. de Salvandy.

étaient des titres. On s'empressa de l'admettre, et le vote de l'assemblée générale le porta au comité.

Naturellement il en eut la présidence.

Au nombre de ses collègues se trouvait M. Thoré, le plus farouche et le plus barbu de tous les républicains d'alors. Indigné de voir au fauteuil un ministre du tyran, notre homme ne laissait échapper aucune occasion d'exercer sa verve démocratique.

Un jour qu'il venait de s'emporter jusqu'à l'insolence, le président lui dit avec calme :

— Vous pouvez continuer, monsieur. S'il vous reste quelque chose sur le cœur, parlez... parlez sans crainte ! Le ministre ne se souviendra pas, je vous le jure, de ce que vous dites à M. de Salvandy.

Battu par ce noble langage, Thoré le démocrate ne vint plus aux séances.

Le nombre des littérateurs médiocres décorés par Narcisse-Achille est incalculable [1]. Il suffisait de caresser l'orgueil connu de l'homme pour obtenir tout ce qu'on voulait.

Dumas, le grand mousquetaire, obtint un vaisseau de l'État pour se livrer, le long des côtes d'Afrique, à un simple voyage d'agrément.

[1] Chaix-d'Est-Ange s'éleva un jour à la tribune contre cette profusion de croix qui pouvait déconsidérer la Légion d'honneur.

Peu s'en fallut que la Société des gens de lettres ne fût décorée jusqu'au dernier de ses membres.

L'auteur d'*Alonzo* faisait la roue au milieu de tous ces écrivains qui lui cassaient le nez à coups d'encensoir. Il humait l'encens à pleines narines et payait les thuriféraires par de nouvelles distributions de rubans rouges.

Un membre du comité, ne se voyant pas, au jour de la Saint-Philippe, sur la liste des nominations, courut à l'hôtel de la rue Cassette, força la porte du ministre et tomba sanglotant à ses genoux.

— La croix, au nom du ciel, donnez-moi la croix ! s'écria-t-il, ou je suis perdu !

Il paraît que le pauvre garçon avait dit à son concierge et à beaucoup d'autres qu'il serait de cette fournée.

Salvandy devait compatir mieux que personne à ce cruel désappointement d'amour-propre. Il sécha les larmes de son collègue, et le *Moniteur* du lendemain répara la déconvenue.

On a surnommé cette croix la croix de l'attendrissement.

Dans une circonstance à peu près analogue, M. de Salvandy porta sur la liste des nouveaux chevaliers un rédacteur du *National*.

Grande surprise dans toute la presse.

Frédéric Bastiat, le célèbre économiste, rencontre le ministre et s'empresse de le féliciter de cet acte judicieux et de bon goût.

— Je n'ai pas pu faire autrement, répond Narcisse-Achille. Ce diable de R*** m'avait envoyé une lettre alarmante, me déclarant que, s'il n'était pas décoré cette fois, il se brûlerait la cervelle. Je n'ai pas voulu avoir la mort d'un homme sur la conscience.

Nous avons dit le mal, n'oublions pas de dire le bien.

Grâce à son président-ministre, la caisse de secours du comité fut toujours pleine. M. de Salvandy n'eut jamais besoin qu'on l'excitât quand il fallut courir au-devant d'une misère ou protéger d'honorables infortunes.

Un dernier fait à son éloge.

Ceci ne se passe plus à la Société des gens de lettres. Nous sommes à l'Instruction publique.

Armand Carrel, tué par Girardin au bois de Vincennes, avait laissé un jeune neveu très-pauvre, et l'on sollicitait une bourse pour cet enfant; mais personne, dans les bureaux du ministère, n'osait en informer M. de Salvandy.

Un neveu d'Armand Carrel, miséricorde!

Il y avait de quoi faire destituer le bureaucrate assez imprudent pour appuyer une telle requête.

Néanmoins un chef de division courageux la porte à Son Excellence.

Mais, une fois devant le ministre, le frisson vient le saisir, la parole lui manque ; il ne peut que tendre la lettre d'une main mal assurée.

Salvandy en prend lecture.

— C'est bien un neveu d'Armand Carrel? dit-il sans manifester ni surprise ni colère.

— Oui, monseigneur, répond le chef de division, recouvrant un peu d'assurance. Je propose une demi-bourse, à moins que le souvenir de l'oncle...

— Une demi-bourse, monsieur? dites une bourse entière, avec trousseau gratuit

Et M. de Salvandy signa.

« Quand on rencontre sur son chemin un homme de cœur, il faut le crier sur les toits, » disait l'encyclopédiste Diderot, avec lequel nous sommes tout surpris de nous trouver d'accord.

Il est certain que de pareils actes font pardonner bien des faiblesses [1] et bien des ridicules.

Si M. de Salvandy ministre n'accorda pas toujours les distinctions et les faveurs à ceux qui avaient le plus de talent, du

---

[1] Même celle d'avoir fait souscrire l'instruction publique à la collection des œuvres de Gavarni, les *Etudiants*, les *Lorettes*, etc. Dame Université pouvait adresser l'illustre dessinateur aux Beaux-Arts; mais la gaillarde aime parfois à rire.

moins on peut dire de lui que jamais il ne décora que des écrivains honnêtes.

Les membres qui composaient AVEC NOUS le jury disciplinaire de la Société des gens de lettres, dans la séance du 2 mars 1850 [1], ainsi que les nombreux témoins qui nous ont apporté leurs dépositions catégoriques, seront pleinement de notre avis, nous aimons à le croire.

Voici le nom des juges :

MM. Francis Wey (président), — Altaroche, — Amédée Achard, — Pongerville (de l'Académie française), — Henry Murger, — Achille Jubinal (aujourd'hui membre du Corps législatif), — Barthélemy

[1] Le compte rendu de cette séance est entre nos mains. Nous le publierons au besoin avec toutes les pièces justificatives.

Maurice, — Félix Deriége, — Marie Aycard, — Louis Judicis, — Eugène Cellier, — Carle Ledhuy, — et de Lalandelle.

Interrogez ces messieurs, lecteurs, si vous tenez à connaître le mot de l'énigme.

FIN.

LES
CONTEMPORAINS

PAR

EUGÈNE DE MIRECOURT

Le succès immense qui vient d'accueillir la *première série* de cette œuvre intéressante, et les nombreux tirages qui se succèdent, permettent à l'éditeur d'apporter à la *deuxième série* des perfectionnements notables. Le papier sera plus beau et plus fort, le texte sera imprimé en caractère neuf, les portraits et les autographes seront améliorés; en un mot, tout se réunira pour offrir au public un volume de luxe.

M. Eugène de Mirecourt a tenu toutes ses promesses. Il se distingue parmi les rares écrivains qui, dans ce siècle, ont le courage de la vérité. Sa plume esquisse énergiquement chaque biographie. Elle dispense le blâme et l'éloge avec une impartialité contre laquelle se révoltent les amours-propres blessés et les passions de parti, mais que les cœurs honnêtes, que les consciences droites approuvent.

L'intérêt puissant de ces petits livres, la multiplicité des détails anecdotiques, les mots charmants dont ils abondent, leur style vif, châtié, plein de couleur, le scrupule avec lequel M. de Mirecourt contrôle les notes et renseignements qui lui sont fournis, tout rassure depuis longtemps le lecteur et lui prouve que jamais galerie contemporaine n'a été plus curieuse et plus complète.

Sont en vente, dans la *première série*, les volumes consacrés à **Méry**, — **Victor Hugo**, — **Émile de Girardin**, — **George Sand**, — **Lamennais**, — **Béranger**, — **Déjazet**, — **Guizot**, — **Alfred de Musset**, — **Gérard de Nerval**, — **A. de Lamartine**, — **Pierre Dupont**, — **Scribe**, — **Félicien David**, — **Dupin**, — **le baron Taylor**, — **Balzac**, — **Thiers**, — **Lacordaire**, — **Rachel**, — **Samson**, — **Jules Janin**, — **Meyerbeer**, — **Paul de Kock**, — **Théophile Gautier**, — **Horace Vernet**, — **Ponsard**, — **Mᵐᵉ de Girardin**, — **Rossini**, — **François Arago**, — **Arsène Houssaye**, — **Proudhon**, — **Augustine Brohan**, — **Alfred de Vigny**, — **Louis Véron**, — **Paul Féval**, — **E. Gonzalès**, — **Ingres** — **Eugène Sue**, — **Rose Chéri**, — **Berryer**, — **Rothschild**, — **Sainte-Beuve**, — **Francis Wey**, — **Frédérick-Lemaître**, — **Louis Desnoyers**, — **Alphonse Karr**, — **Alexandre Dumas fils**, — **Champfleury**, — **Léon Gozlan**, — **Alexandre Dumas**, — **Veuillot**.

La *deuxième série* contiendra les notices consacrées aux personnages suivants :

Salvandy, — **Mˡˡᵉ Georges**, — **Henry Murger**, — **Odilon Barrot**, — **Raspail**, — **Hippolyte Castille**, — **Bouffé**, — **Musard**, — **Cormenin**, — **Montalembert**, — **Gavarni**, — **Michelet**, — **Plessy-Arnould**, — **Cavaignac**, — **Arnal**, — **de Morny**, — **Granier de Cassagnac**, — **Jules Sandeau**, — **Grassot**, — **Marie Dorval**, — **Crémieux**, — **Ligier**, — **Cousin**, — **Beauvallet**, — **Louis Blanc**, — **Persigny**, — **Frédéric Soulié**, — **Villemain**, — **Ravel**, la Guerronnière, — Mᵐᵉ Ancelot, — Considérant, — Saint-Marc-Girardin, — Quinet, — Émile Augier, — Ledru-Rollin, — Villiaumé, — Caussidière, — Louise Collet, — Bocage, — Madeleine Brohan, — Eugène Delacroix, — Roger de Beauvoir, — Changarnier, — Gustave Planche, — Ricord, — Bressant, — Mélanie Waldor, — Vaulabelle, — Louis Reybaud, — l'abbé de Ravignan, — Camille Doucet, — Mérimée, — Nadar. — Eugène Guinot, — Courbet, — Fiorentino, — Barbès, — Blanqui, — l'abbé Dupanloup, — Baroche, — Henry Monnier, etc., etc. Il y aura, comme dans la *première série*, des volumes collectifs, contenant double portrait et double autographe.

CONDITIONS DE LA SOUSCRIPTION.

Le prix de chaque volume est de cinquante centimes.

On souscrit, pour les collections complètes, chez l'éditeur Gustave Havard, rue Guénégaud, 15, à Paris.

En envoyant un mandat de vingt-cinq francs sur la poste, on recevra *franco* par les Messageries les cinquante volumes de la *première série*. — En envoyant un mandat de trente francs, on recevra *franco* les volumes de la *seconde série*, le jour même de leur publication. (La différence du prix tient aux frais de poste.)

En envoyant un mandat de cinquante-cinq francs, on recevra la *première série* tout entière, et chaque volume de la *seconde*, à mesure qu'il paraîtra.

Les personnes qui souscriront aux *deux séries*, c'est-à-dire à la collection de cent volumes, auront le droit de choisir comme PRIME vingt exemplaires des livres mentionnés ci-dessous :

LES LORETTES DE PARIS, dessin par Andrieux.
LES ACTRICES DE PARIS, —
LES BOURSIERS DE PARIS, —
LES ÉTUDIANTS DE PARIS, —

LES COMÉDIENS DE PARIS, dessin par Andrieux.
LA BOHÈME DE PARIS, —
LES SGANARELLES DE PARIS, —
LES GRISETTES DE PARIS, —
LES FAUBLAS DE PARIS, —
LES PROPRIÉTAIRES DE PARIS, —
LES FUMEURS DE PARIS, —
LES RESTAURANTS DE PARIS, —
PARIS LA NUIT, par E. de Mirecourt, dessin par C. Fath.
L'OPÉRA, par Roger de Beauvoir, dessin par C. Fath.
LE PÈRE-LACHAISE, par Benjamin Gastineau. —
LE MONT-DE-PIÉTÉ, par E. de Mirecourt, dessin par J.-A. Beaucé.
LE LUXEMBOURG, par Maurice Alhoy, dessin par C. Fath.
LE PALAIS-ROYAL, par Louis Lurine, dessin par J.-A. Beaucé.
LE CARNAVAL, par Benjamin Gastineau, dessin par J.-A. Beaucé.
LES TUILERIES, par J. Lemer, dessin par C. Fath.
LES HALLES, par A. de Bargemont. —
LE JARDIN DES PLANTES, par Ch. Deslys, dessin par J.-A. Beaucé.
LE PANTHÉON, par Émile de Labédollière, dessin par J.-A. Beaucé.

Ceux des souscripteurs qui ont déjà reçu la PRIME donnée avec la *première série* n'auront droit qu'à dix exemplaires seulement.

Les volumes de la collection contemporaine de M. Eugène de Mirecourt continueront de paraître régulièrement le 15 et le 30 de chaque mois.

GUSTAVE HAVARD.

Paris. — Typ. Simon Raçon et Comp., rue d'Erfurth, 1.

Monsieur le Président,

....
.... au pouvoir, j'aurais voulu élever la position de l'homme de lettres, rendre ses travaux plus fructueux, plus doux, plus faciles, aplanir la carrière devant les esprits d'élite, faire porter au génie national tous les fruits que promettaient les institutions libres. Cette pensée m'a suivi partout. Vous me traitez comme si je l'avais réalisée. J'avais besoin de consolations. Vous avez senti que celles qui me venaient du libre et bienveillant suffrage de mes confrères seraient les plus douces et les plus précieuses de toutes.

Agréez les assurances de ma gratitude et celles de mon dévouement.

Salvandy

www.ingramcontent.com/pod-product-compliance
Lightning Source LLC
LaVergne TN
LVHW052103090426
835512LV00035B/966